PUBLICATION MENSUELLE

34e ANNÉE — Nos 7-9, JUI[illegible]

REVUE
DES
BIBLIOTHÈQUES

Directeurs : ÉMILE CHATELAIN et L. BARRAU-DIHIGO
Rédacteur en chef : HENRI LEMAÎTRE

SOMMAIRE

PARIS
LIBRAIRIE ANCIENNE ÉDOUARD CHAMPION
LIBRAIRE DE LA SOCIÉTÉ DE L'HISTOIRE DE FRANCE
ET DE LA SOCIÉTÉ DES ANCIENS TEXTES FRANÇAIS
5, QUAI MALAQUAIS, 5

1924

FRÉDÉRIC LACHÈVRE. **Le Libertinage au XVIIe siècle** (Disciples et successeurs de Théophile de Viau). **Les Derniers libertins.** François Payot de Lignières. Madame Deshoulières, l'élève de Dehénault : ses poésies libertines, philosophiques et chrétiennes. Chaulieu : ses poésies libertines et philosophiques. La Fare : ses poésies libertines, en partie inédites. Avec notices biographiques et bibliographiques. Appendice : Les Lettres libertines en vers (1644-1659) de Claude de Chaulne, président du Bureau des finances de Dauphiné, publiées d'après le manuscrit de la Bibliothèque de Grenoble et précédées d'une notice biographique. Cet ouvrage, tiré à 277 exemplaires, qui forme un tout comme les précédents, est le onzième et dernier du *Libertinage au XVIIe siècle.* In-8 de XVI et 412 pages . . . . **30** fr.

Rappel des volumes parus du même auteur dans la série : **Le Libertinage au XVIIe siècle.**

I. Le procès du poète Th. de Viau. (*Couronné par l'Académie française.*). 2 vol., **30** fr. — II. Disciples et successeurs de Th. de Viau. La vie et les poésies inédites de Des Barreaux et de Saint-Pavin. In-8, **15** fr. — III. Une seconde révision des œuvres du poète Th. de Viau. In-8, **10** fr. — IV. Les recueils collectifs de poésies libres et satiriques publiés depuis 1600 jusqu'à la mort de Théophile, et supplément. In-4, **50** fr. — V. Les œuvres libertines de Claude le Petit, Parisien brûlé le 1er septembre 1662. 1918, in-8 de LXVIII-146 p., **26** fr. — VI. Les chansons libertines de Claude de Chouvigny, baron de Blot-l'Eglise, précédées d'une notice et suivies de couplets de ses amis. 1919, in-8 de XLVIII-146 p., **32** fr. **50**. — VII. Mélanges. 315 p., tiré à 225 ex. numérotés, **25** fr. — VIII. Les œuvres libertines de Cyrano de Bergerac. 2 vol. in-8, **70** fr. — IX. Les œuvres de Jean Déhénault, Parisien (1611-1682). In-8 de LII-135 p., **20** fr. — X. Les successeurs de Cyrano de Bergerac. In-8 de XVIII-279 pages, **30** fr.

(*Les tomes 3 et 5 ne se vendent pas séparément*)

FÉLIX ROCQUAIN, membre de l'Académie des sciences morales et politiques. **La France et Rome pendant les guerres de religion (1559-1598).** In-8 raisin, 553 pages . . . . **35** fr.

Monsieur Hanotaux, président de l'Académie française, en déposant ce volume par faveur exceptionnelle sur le bureau de l'*Académie française*, a « félicité ce savant de consacrer sa verte vieillesse à la continuation de sa belle œuvre historique — modèle de science et de sagesse ».

Fouilles françaises d'El-Akhymer. **Premières recherches archéologiques à Kich.** Mission d'Henri de GENOUILLAC (1911-1912). Rapport sur les travaux et inventaires, fac-similés, dessins, photographies et plans. Tome I. In-4 raisin, 62 pages de texte, avec **62** planches en photogravure, **25** planches en phototypie, dont une en couleur, et **8** plans. Cart. **125** fr.

L'ouvrage comprendra deux volumes. Le Tome II paraîtra en 1925.

PAUL PERRIER. **Artiste ou philosophe.** Etude sur le rôle opposé de l'art et de la philosophie dans la civilisation. In-8, 250 pages. . . . **6** fr. **75**

PUBLICATIONS NOUVELLES

Esquisse historique de l'enseignement du français en Hollande du XVIe *au* XIXe *siècle*, par K. J. RIEMENS,... — Leyde, Société d'éditions A. W. Sijthoof, 1919, in-8°, VI-295 p., fig., fac-sim.

M. Riemens s'est proposé dans le présent volume d'étudier comment l'enseignement du français a été organisé en Hollande depuis le seizième siècle. Ses recherches ont été menées avec soin; non seulement il a dépouillé les textes littéraires et historiques qui pouvaient lui être utiles, mais il a fouillé avec fruit les archives communales et en a tiré de nombreuses mentions précieuses; cette enquête lui a permis d'établir une liste abondamment fournie des écoles de français et des professeurs qui ont enseigné cette langue.

La guerre ne lui a malheureusement pas permis de sortir de son pays, elle l'a par suite empêché de compléter son travail en visitant les bibliothèques belges et les bibliothèques françaises, comme il en avait l'intention. Ce contretemps l'a forcé à restreindre son champ d'étude en laissant de côté toutes les indications qu'il aurait pu trouver en dehors de Hollande; c'est donc aux circonstances beaucoup plus qu'à l'auteur qu'il faut imputer toutes les critiques que nous ferons sur les lacunes de son travail.

Après un exposé rétrospectif sur l'usage du français en Hollande pendant le moyen âge, M. Riemens montre comment dès le début du seizième siècle il existait dans plusieurs villes des écoles subventionnées par la municipalité, où le français était la principale matière d'enseignement. Il fait voir ensuite comment la Réforme, en amenant des réfugiés wallons, puis l'alliance avec la France à partir du règne d'Henri IV, en favorisant les relations commerciales entre les deux pays, enfin le nouvel afflux de réfugiés qui suivit la révocation de l'Edit de Nantes, influèrent grandement sur la diffusion de notre langue et par suite sur son enseignement dans les Provinces-Unies. La liste des écoles de français au dix-huitième siècle, qui tient les pages 158-176 de son livre est des plus imposantes et témoigne hautement de l'importance qu'avait prise cet enseignement.

La diffusion du français en Hollande et la production des livres destinés aux écoles se rattachent étroitement à son enseignement. Toutefois, il est regrettable que pour l'étude de ces deux questions, l'auteur ait dû se limiter aux frontières actuelles de la Hollande. Il est vrai que les Flamands de Belgique, placés sous un autre régime politique et ayant par suite du séjour parmi eux d'un abondant élément wallon, ne se trouvent pas exactement pour ce qui concerne le français dans la même situation que les Hollandais; mais ils parlent sensiblement la même langue et éprouvent par conséquent les mêmes difficultés pour apprendre le français; il s'ensuit que ce sont les mêmes dictionnaires, les mêmes grammaires, les mêmes manuels de conversation qui servent de part et d'autre de la frontière. M. Riemens le constate, les premières éditions des ouvrages qui ont été imprimés en Hollande par Jean Waesberghe, par Pierre Heyns, sont anversoises; ce n'est que parce que ces imprimeurs ont dû se réfugier en Hollande que leurs dernières éditions ont été hollandaises. Pourquoi donc négliger les éditions anversoises pour ne noter que les éditions hollandaises, alors que les unes devaient être employées aussi bien que les autres dans les Provinces-Unies? En se limitant ainsi, M. Riemens élimine de sa bibliographie nombre d'ouvrages qui ont aidé à la diffusion du français, de même qu'en rejetant hors de son cadre les grammaires et dictionnaires français-hollandais imprimés en France.

Il eût été préférable, à mon avis, de scinder le sujet en deux : étudier d'abord l'enseignement du français en Hollande et l'organisation de cet enseignement; considérer ensuite la diffusion du français dans les pays de langue thioise, noter l'influence des écrivains français, leurs séjours dans les Pays-Bas, signaler l'emploi que les Néerlandais ont fait du français, enfin dresser une bibliographie de tous les ouvrages, en quelque pays qu'ils aient été imprimés, qui ont servi à faire connaître le français dans l'ensemble des pays thiois.

Quelles que soient les réserves que je fais sur la manière dont l'auteur a dû limiter son sujet, je reconnais qu'à l'intérieur de ces limites il a été très complet. Parmi les lettrés français qui se sont réfugiés en Hollande, je n'ai relevé qu'une omission, celle de Nicolas Gueudeville, qui s'est fixé à Rotterdam à la fin du dix-septième siècle, qui s'y maria en 1690 et qui y fit des cours sur différents sujets, notamment sur la littérature française. La bibliographie est également faite avec soin; à part les éditions, dont il n'a pas trouvé d'exemplaire dans les bibliothèques hollandaises, M. Riemens n'a laissé échapper qu'un nombre très restreint d'ouvrages; je suis pourtant surpris qu'il n'ait pas mentionné le *Nomenclator* du médecin Hadrianus Junius, dont la plupart des éditions sont françaises, belges, suisses et allemandes, mais qui a aussi été imprimé en Hollande.

Sa bibliographie est divisée méthodiquement en un certain nombre de chapitres : Grammaires et exercices, Traités de grammaire et de style, Manuels épistolaires, Vocabulaires et dialogues, Drames scolaires, Livres de lecture, Ouvrages didactiques et Dictionnaires. L'avantage de cette répartition est d'avoir séparé les ouvrages d'instruction de la langue proprement dits, des ouvrages d'application, c'est-à-dire des livres destinés aux personnes qui connaissent déjà les premiers rudiments du français. Le fait d'accueillir les éditions hollandaises des classiques français imposait d'ailleurs la nécessité de ne pas les mêler avec les dictionnaires et les grammaires.

Cependant M. Riemens aurait pu se dispenser de rechercher toutes ces éditions hollandaises, notamment celles des fables de La Fontaine et des Aventures de Télémaque; les libraires parisiens ont fait un tel abus des noms et adresses de leurs confrères hollandais, pour couvrir le manque du privilège royal, qu'il est souvent difficile de reconnaître les éditions vraiment hollandaises.

Allégée de ce poids inutile, la bibliographie aurait beaucoup gagné à être classée selon l'ordre alphabétique des noms d'auteurs. On aurait ainsi trouvé groupé dans un même article l'ensemble des œuvres d'un même auteur, c'est-à-dire tous les livres où il a consigné sa méthode d'enseignement.

Tel qu'il est, ce répertoire ne manquera pas pourtant de rendre d'appréciables services pour l'étude de la grammaire historique; c'est pourquoi j'ai jugé utile de le compléter en faisant le dépouillement des bibliothèques parisiennes. Pour présenter le résultat de mes recherches, j'ai suivi l'ordre des numéros de M. Riemens; comme lui je n'ai noté que les éditions hollandaises; non seulement je relève les titres des éditions qu'il n'a pas connues, mais j'indique aussi, pour les éditions qu'il cite, les exemplaires se trouvant dans nos bibliothèques; pour les livres de la Bibliothèque nationale, je donne la cote, sans plus; pour les autres bibliothèques, la cote est précédée de la mention S. Gen. pour Sainte-Geneviève, Ars. pour l'Arsenal et Maz. pour la Mazarine. Je donne la copie complète du titre, suivie des autres indications bibliographiques usuelles, plus le nombre des pages et feuillets non chiffrés, pour tous les ouvrages non cités par M. Riemens, comme pour ceux qui m'ont paru insuffisamment décrits.

*
* *

2 b. Dans l'avis au lecteur, inséré en tête de l'édition de 1640 du *Grand Dictionaire* de MELLEMA, l'imprimeur mentionne le *Cort Onderwijs* de PIETER HEYNS, comme s'il l'avait édité lui aussi.

3. L'édition des *Conjugaisons flamen-françoises*, de GABRIEL MEURIER, se trouve à la Bibl. nat. sous la cote [X. 15253

J'ai trouvé en outre une éd. de 1632, inconnue à M. Riemens. La Préface de cette édition étant datée du 20 août 1620, il est à supposer qu'il y a eu à cette date une autre édition, que nous ne connaissons pas.

Conjugaisons flamen-françoises de GABRIEL MEURIER, *récentement par le mesme corrigées et meliorées. Conjugatien in nederduyts ende fransoys... tot behulp der jonckheyt zijn de letteren die in de fransoysche tale niet gepronunceert en worden onderteeckent met kruyskens.* — A Rotterdam, chez Isaac Waesbergue, au Marché, à l'enseigne de la Fame, 1632. In-8, sign. A-D. [Maz. 43995

4. JOHN WODROEPHE. *The spared Hours...* Un ex. à la Bibl. Mazarine. N° 131.

7. NATHANAEL DHUEZ. *Le Vray Guydon de la langue françoise...* Un ex. de la 3e éd. (1646) à la Bibl. de Valenciennes, Bz 8-181.

8 b. — *Compendium grammaticae gallicae.* — Un ex. de l'éd. de Leide, 1647 est à la Bibl. nat. [8° X. 211

J'ai également trouvé une édition inconnue de M. Riemens.

NATHANAELIS DUESII. *Compendium grammaticae gallicae in gratiam illorum editum qui germanicum idioma perfecte callent.* — Lugduni Batavorum, ex officina Thomae Hoorn, 1663. In-8°, 111 p. [Rés. X. 1938

9. — L'ouvrage suivant doit être, sous un titre un peu différent, le même ouvrage que celui décrit par M. Riemens sous ce n°.

Correcte Instruccion et vraye prononciacion de la langue françoize et flamande, anrichie d'une descripcion de la prononciacion du françois, avec cincq dialogues, le Cabinet de l'éloquance, phrazes et lettres de complimans et une nomenclature, etc.; le tout revû et augmanté et mis en meilleur langage et ortographe que les precedantes impressions, par Nathanael DUEZ. — A Nymegue, chez Antoine Aelberts, marchand libraire au Marché (s. d.). In-8°, 8 ff. lim., 256 p., titre en noir et en rouge. (A la suite un titre en flamand : *Naukeurige Onderwysinge...*) [X. 13004

13. ROBERT DELAMYVOYE. *La vraye Introduction...* En plus des trois éd. hollandaises dont la description suit, éd. inconnues de M. Riemens, j'ai trouvé également de cet ouvrage une éd. faite à Anvers, M. Parijs, 1668. In-8°. [X. 11673

Le privilège accordé pour cette éd. étant du 17 déc. 1665, il est à supposer qu'il y a eu aussi une éd. à Anvers en 1665 ou 1666.

La vraye Introduction à la langue françoise avec quatre dialogues françois et flamans. Dat is rechte Inleydinge tot de fransche spraak nevens vier fransche, ende duytsche gemeyne t'samenspraken. Troisième édition, reveuë, corrige (sic) et augmentée avec une nomenclature et plusieurs proverbes. — A Utrecht, chez Gisbert Zyll, 1659. In-8°, 320 p., titre en noir et en rouge. [S. Gen. 8° X. 519

La vraye Introduction à la langue françoise avec quatre dialogues françois et flamans. Dat is rechte Inleydinge tot de fransche spraeck nevens vier fransche ende duytsche gemeyne 't samenspraken. Dernière édition reveüe, corrigé (sic) et augmentée, avec une nomenclature et plusieurs proverbes. Met een korte onderrechting van de oprechte uijtspraeck der fransche tael, door THOMAS LA GRUE. — A Amsterdam, chez Samuel Imbrechts, marchand libraire in de Raem-steegh, in de Hoop, 1669. In-8°, 255 p. [X. 11674

(Voir le n° 15a de M. Riemens.)

La vraye Introduction à la langue françoise avec diverses dialogues françois et flamans. Dat is rechte Inleydinge tot de fransche spraak, nevens verscheyde fransche en duytsche t'samen-spraken. Dernière édition revüe, corrigé (sic) et augmentée avec une Nomenclature, diverses dialogues et plusieurs autres choses. — A Utrecht, chez Gisbert van Zyll, libraire, 1680. In-8°, 320 p. [X. 11675 (2)

(Relié avec MAUGER. *Nouvelle Méthode*, 1697.)

14 C. En plus de cette édition de la *Grammatica gallica*, Philippe La Grüe a publié une *Grammaire flamande*, fréquemment rééditée, une *Nouvelle Grammaire flamande* et une *Nouvelle facile Introduction aux langues françoise et flamande*, trois ouvrages que M. Riemens ne cite pas.

Voici la description des éditions que j'ai relevées.

Grammaire flamande, contenant des règles solides et les vrays fondemens dont on a besoin pour bien pouvoir dire, parler et escrire cette langue, ouvrage très utile et nécessaire, principalement pour les Français et autres étrangers qui auront envie d'apprendre ce langage, le tout composé et mis en bon ordre par PHILIPPE LA GRUË. — A Amsterdam, chez Daniel Du Fresne, marchand libraire, dans la porte des vieilles gens, proche du Heere Logement, 1684. In-8°, 4 ff. lim., 231 p. [X. 15275 et Maz. 20293. A

Grammaire flamande de PHILIPPE LA GRUE, *contenant tout ce qui est nécessaire pour apprendre facilement et en peu de tems à lire, parler et écrire correctement en cette langue, nouvelle édition, corrigée et augmentée considérablement par un habile grammairien et revûe par* GUILL. SEWEL. *Nederduytsche spraakkonst...* — A Amsterdam, chez la Veuve de Jaques Desbordes, vis-à-vis la Grande porte de la bourse, 1719. In-8°, 2 ff. lim. 348 p., titre en noir et en rouge. [X. 19965, Maz. 20293. B et 44237

— T'Amserdam (*sic*), by Maynard Uytwerf, 1744. In-8°, 3 ff. lim., 423 p., titre en rouge et en noir. [Ars. 8° BL. 973. bis. C et Bibl. com. Lille 86956

Grammaire hollandoise de PHILIPPE LA GRUE, *contenant tout ce qui est nécessaire pour apprendre facilement et en peu de temps à lire, parler et écrire correctement en cette langue, revuë par* GUILLAUME SEWEL. *Quatrième édition corrigée et augmentée considérablement par* L. VAN OLLEFEN. — A Amsterdam, chez D. J. Changuion, 1785. In-8°, 2 ff. lim., 410 p. et 1 fol. table, titre en noir et en rouge. [X. 27021 et 15289 (1)

Grammaire hollandaise de PHILIPPE LA GRUE, *contenant tout ce qui est nécessaire pour apprendre facilement et en peu de temps à lire, parler et écrire correctement en cette langue, revue par* GUILLAUME SEWEL, *sixième édition, corrigée et augmentée par un grammairien hollandais.* — A Amsterdam, chez Changuion et den Hengst, 1806. In-12, 2 ff. lim., 350 p. et 1 fol. table. [X. 27022

Nouvelle Gramaire flamande, contenant des règles solides et les vrais fondemens pour aprendre à bien lire, parler et écrire cette langue, ouvrage très utile et nécessaire aux François et autres étrangers qui auront envie d'aprendre ce langage, par PHILIPPE LA GRUË. *Nouvelle édition*

reveue, corrigée, etc. — A Amsterdam, chez Adrian Braakman, marchand libraire, dans le Beursstraat, près le Dam, 1701. In-12, 4 ff. lim., 231 p., titre en noir et en rouge. [X. 15277

(Mêmes lettres dédic. que dans l'éd. de 1684.)

Nouvelle Grammaire flamande contenant les règles et les fondemens solides pour pouvoir bien lire, bien parler et bien écrire cette langue, tirée avec grand soin de divers auteurs qui en ont traité et rangée dans l'ordre qu'il falloit. Nieuwe nederduitsche spraakkonst... — A Amsterdam, chez Pierre Mortier, libraire sur le Vijgendam, à la ville de Paris, 1688. In-8°, 2 ff. lim., 156 p. [X. 15279 et Ars. 8° BL. 973. bis. A

(Cette grammaire, publiée anonyme, est celle de PHILIPPE LA GRUË.)

Nouvelle facile Introduction aux langues françoise et flamande, où on trouve tout ce qu'il y a de plus nécessaire pour parvenir à la connoissance de ces deux langues, par feu PHILIPPE LA GRUE, *seconde édition, revüe, corrigée et augmentée de nouvelles conjugaisons par un habile m*[e] *de Langues. Nieuwe gemakkelyke Inleiding...* — A Amsterdam, chez Jean Du Fresne, dans la ruë du Lombard, au Frène verd, 1698. In-8°, 189 p. [X. 11677

19. FRANÇOIS DE FENNE. *Institutio linguae gallicae...* 6e éd. Leyde, 1690. In-12. [8° X. 14721 (1)

La grammaire française du même auteur, publiée en latin sous le titre *Libri tres Compendii grammaticae gallicae...* — Gothae, S. Reyter, 1666. In-8° (Stengel, Verzeichnis, n° 126) se trouve à la Bibl. nat. [X. 11512

20. *Entretiens familiers.* Leyde, 1690. In-12. [8° X. 14721 (2)

21 a. L'édition suivante est inconnue à M. Riemens.

L'Exercice puéril s'appliquant à apprendre la langue françoise, la dernière édition, corrigée et augmentée en plusieurs endroits. — A Wesel, chez André de Hoogenhuys [*arraché*] primeur de la ville (s. d.). In-8°, 40 ff. [S. Gen. 8° X. 356

(Note manuscrite sur la couverture de parchemin : « Ce livre a été acheté à Vessele ce 20me aoust 1672, E. Roussel. »)

22. BARTHÉLEMY PIÉLAT. *L'Anti-grammaire...* — Amsterdam, J. J. van Waesberge, 1673. In-8°. [X. 11676

— Ibid., 1700. In-12. [X. 11678

30. CLAUDE MAUGER et PAUL FESTEAU. *A new double Grammar French-english...* — The Hague, A. Moetjens, 1696. In-8°. [X. 11692

— Ibid., 1713. In-8°. [X. 19969

31. La 1re et la 3e des éditions suivantes sont inconnues de M. Riemens. Il connaît la seconde, mais comme il la décrit insuffisamment, j'ai cru utile d'en donner la notice.

Nouvelle Méthode exacte et facile pour acquérir en peu de temps l'usage de la langue françoise, avec les dialogues françois et flamends de CLAUDE MAUGER. *Nieuwe Methode, naeukeurig en gemackelijck...* — A Utrecht, chez Jean Ribbius, marchand libraire, à la rue St Jean, 1687. In-8°, 112 p. [X. 19964

Nouvelle Méthode exacte et facile pour acquérir en peu de temps l'usage de la langue françoise, avec des dialogues françois et flamans, par CLAUDE MAUGER, *augmenté d'une quantité des plus belles lettres françoises et d'environ cinquante thèmes en flamman, fort capable et commode pour les écoliers à translater le françois en flaman, comme aussi le flaman en françois. Nieuwe Leerwyse die naaukeurig en gemakkelijk is om in korten tijd te bekomen 'tgebruyk van de fransche spraak...* — T'Amsterdam, bij Jan Jansz Otto, in de Lombertsteeg, en de Weduwe van Gysbert de Groot op de Nieuwendijk tusschen de twee Haarlemmer Huisen, 1697. In-8°, 272 p. [X. 11675 (1)

(Relié avec *La Vraye Introduction* de 1680.)

Nouvelle Méthode exacte et facile pour acquérir en peu de tems l'usage de la langue françoise avec des dialogues françois et flamans par CLAUDE MAUGER, *augmentée d'une quantité des plus belles lettres françoises et d'environ cinquante thèmes en flaman, fort capable et commode pour les écoliers à translater le françois en flaman, comme aussi le flaman en françois. Nieuwe Leerwyse...* — t'Amsterdam, by Piet. van den Burg, in de Lombert steeg, de Erve van de Wed. G. de Groot en A. van Dam, op de Nieuwe Dijk, tusschen de twee Haarlemmer Sluisen, 1720. In-8°, 272 p. [X. 13442

32. Les titres n'étant pas identiques à celui que donne M. Riemens, je ne sais si les 2 ouvrages ci-dessous ont été connus de lui :

Nouvelle facile Méthode pour apprendre l'anglois, contenant une parfaite grammaire, avec une nomenclature françoise et angloise; un recuil d'expressions familères et plusieurs dialogues familières (sic) et choisis, et enfin un bon nombre de lettres galantes et histoires facétieuses, par GUY MIEGE, *professeur de langues et auteur du Dictionaire françois et anglois. Nouvelle édition corrigée et augmentée.* — A Amsterdam, chez Pierre Mortier, libraire sur le Vijgendam, 1698. In-8°, 375 p. et 3 ff. de table. [X. 15509

Nouvelle Grammaire angloise et françoise par Mr. GUY MIÈGE, *contenant une instruction claire et aisée pour aquérir en peu de tems l'usage de l'anglois, et enrichie de règles fondamentales et succinctes pour le parler purement, d'un vocabulaire assez ample et des phrases les plus familières, enfin de dialogues utiles et récréatifs et des proverbes les plus usités, etc. Dernière édition revuë et augmentée.* — A Rotterdam, chez Jean Daniel Beman, 1728. In-8°, 6 ff. lim., 282 p., front. grav. [X. 15510

(Corrigée sur l'éd. de 1718.)

33. M. Riemens ne connaît pas les 5 éditions suivantes :

Nouvelle Méthode pour apprendre les principes et l'usage des langues françoise et hollandoise. Nieuwe fransche en nederduitsche spraak-

wijze, vermeerderd met een uitvoerige syntaxis of woorden-schikking, door Pieter Marin, taalmeester. Den achtsten druk. — Te Amsterdam, by Hendrik van Eyl, boekverkooper op den Dam, 1712. In-8°, 8 ff. lim., 351 p., front. grav. [X. 11679

(Privilège du 25 avril 1711.)

Nouvelle Méthode pour apprendre les principes et l'usage des langues françoise et hollandoise. Nieuwe fransche en nederduitsche spraekwyze vermeerderd met een uitvoerige syntaxis et woorden-schikking, door PIETER MARIN, *taalmeester. Den negenden druk.* — Te Amsterdam, by Hendrik van Eyl, boekverkoper op den Dam, 1715. In-8°, 8 ff. lim., 351 p., front. grav. [Maz. 20293. C

Nouvelle Méthode pour aprendre les principes et l'usage des langues françoise et hollandoise. Nieuwe fransche en nederduitsche spaakwijze (sic) vermeerderd met een uitvoerige syntaxis of woorden-schikking, door PIETER MARIN, *taalmeester. Den tienden druk.* — Tot Zutphen, by de Wed. van P. Hagens, boekdrukster en verkoopster, 1726. In-8°, 8 ff. lim. [X. 11680

(Défet.)

Nouvelle Méthode pour apprendre les principes et l'usage de la langue française, par PIERRE MARIN, *grammairien. Nieuwe spraakwijze... op nieuw overzien en bewerkt door* J.J. — Te Amsterdam, bij A. Meyer, Schalekamp en van de Grampel, 1811. In-8°, 2 ff. lim., 378 p. et 1 fol. de table, front. grav. [X. 11599

Nouvelle Méthode ou Grammaire pour apprendre les principes et l'usage des langues française et hollandaise. Nieuwe fransche en nederduitsche spraakwijze, vermeerderd met een uitvoerige syntaxis of woorden-schikking, door PIETER MARIN, *taalmeester, deze laatsten druk op nieuws overgezien en van vele fouten gezuiverd, met de noodige veranderingen, door een Liefhebber der Talen, het fransche naar de hedendaagsche en het hollandsch naar de spelling van* M. SIEGENBECK. — Te Zaelt-Boemel, bij Johannes Noman, 1812. In-8°, 3 ff. lim., 332 p., 2 ff. table. [X. 15291

34. L'édition suivante est inconnue de M. Riemens :

Méthode familière pour ceux qui commencent à s'exercer dans la langue française, composée par PIERRE MARIN, *troisième édition, corrigée et considérablement augmentée par* S. J. M. VAN MOOCK, *maître de pension à Delft.* — A Zutphen, chez H. C. A. Thieme, 1811. In-8°, 2 ff. lim., 225 p. [X. 11595

(Voorrede : *Bij den herdruk van dit werkje, hetwelk door den Heer A. Kok verandert, in de jaren 1794 en 1802, te Zutphen werd uitgegeven.*)

L'éd. de Leide, D. Du Mortier et fils, 1811, in-8°, se trouve à la Bibl. nat. [8° X. 4538

Les éd. suivantes sont inconnues de M. Riemens :

Méthode familière pour ceux qui commencent à s'exercer dans la langue françoise, composée par PIERRE MARIN *et corrigée par* J. VAN BEMMELEN, maître de pension à Leide. — A Leide, chez D. Du Mortier et fils, 1812. In-8°, 181 p. [X. 11596

Méthode familière pour ceux qui commencent à s'exercer dans la langue française, composée par PIERRE MARIN *et corrigée par* J. VAN-BEMMELEN, *maître de pension à Leyde. Nouvelle édition refondue et augmentée par* J. J. V. A., *instituteur.* — A Bois-le-Duc, chez J.-P. Hoffers, imprimeur libraire, 1812. In-8°, 126 p. [X. 11597

Méthode familière pour ceux qui commencent à s'exercer dans la langue française, composée par PIERRE MARIN. — Imprimer (*sic*) à Z. Boemel, chez J. Noman, 1813. In-8°, 180 p. [X. 11598

36. L'éd. suivante paraît différente de celle indiquée à la même date par M. Riemens :

Nouvelle Grammaire françoise. Nieuwe fransche Grammatica of te oprechte Methode van PIETER MARIN. *Derde Druk, naauwkeuriglijk overgezien en merkelijk verbeterd.* — Amsterdam, gedrukt voor den autheur, in de Wye Kapelsteeg en mede te bekomen by de Erven van de Weduwe Gysbert de Groot en Anthony van Dam in Compagnie, in't jaar 1718. In-8°, 8 ff. lim., 367 p., titre en rouge et en noir.

[Maz. 44835 et Ste Gen. 8° X. 518

(Privilège 20-4-1706.)

41 A. ABEL BOYER et GUY MIÈGE. *Nouvelle double Grammaire françoise angloise...* — Amsterdam-Rotterdam, 1718. In-8°. [X. 11686
— Rotterdam, 1728. In-8°. [X. 11687

42. Pour les éd. suivantes les titres diffèrent de celui donné par M. Riemens.

Nouvelle Grammaire françoise et angloise par Mr ROGISSARD, *contenant la meilleure méthode pour apprendre facilement ces deux langues.* — A La Haye, chez Jean Neaulme, 1734. In-8°, XXI-464 p.

[S. Gen. 8° X. 500 ³.

A new French Grammar, by Mr. ROGISSARD, *shewing* (sic) *the easiest way of learning that language.* — Hague, printed for John Neaulme, 1738. In-°, 2 ff. lim., 460 p. [X. 11691

(Chansons notées à la fin.)

45. Le titre donné à l'ouvrage suivant par M. Riemens est inexact :

Nouvelle Grammaire pour apprendre l'anglois, par G. PELL, *natif de Londres.* — A Utrecht, chez Etienne Neaulme, 1735. In-8°, 2 ff. lim., 371 p. [X. 15507

(Commence ainsi : « English Grammar. Vocabulaire anglois, françois et hollandois... »)

55. Outre l'ouvrage cité par M. Riemens, Zeydelaar a publié une autre grammaire qui a eu plusieurs éditions:

Grammaire générale raisonnée hollandoise à l'usage des étrangers et principalement des François qui veulent apprendre cette langue, par ERNST ZEYDELAAR, *maître de la Pension françoise à Thiel en Gueldre.* — A Utrecht, chez B. Wild, 1781. In-8°, 4 ff. lim., 350 p. [X. 15287

(Ex. suivi d'un index ms.)

[Ste Gen. 8° Δ. 51290 et Ars. 8° BL. 978

— Utrecht, B. Wild et J. Altheer, 1792. In-8°, 4 ff. lim., 350 p.

[Ars. 8° BL. 978. bis

— Dordrecht, A. Blussé et fils, 1811. In-8°, 350 p. [8° X. 14428

58. En plus de l'édition citée par M. Riemens, j'ai relevé la suivante:

Nouvelle et parfaite Grammaire royale, françoise et hollandoise. Nieuwe en volmaakte koninglyke fransche en hollandsche spraakkunst, met eene nieuwe, wél ingerichte woordvoeging, een verbeterd woordenboek, beschaafde samenspraaken en sierlijke spreekwyzen, uitgezochte spreuken, merkwaardige en aartige historien, zinryke invallen, aangenaame, en, naar den tegenwoordigen tijd wél opgestelde brieven, enz. eertijds onder den Heere Des Pepliers, lid der Akademie veelmaalen uitgegeeven, maar nu, doorgaande, uit de aanmerkingen van den zinryken franschen Jesuit [CLAUDE] BUFFIER... vermeerderd. Derde, merklyk verbeterde druk. — Te Amsterdam, bij W. Holtrop, 1789. In-12, 7 ff. lim., 624. [X. 15289 (2)

(Incomplet.)

61. De même pour l'ouvrage suivant :

Traité élémentaire sur la grammaire française à l'usage des habitants des VII *Provinces Unies, contenant principalement ce qui regarde la lecture, par* FRÉDÉRIC RAINVILLE, *membre de la Société batave de philosophie expérimentale établie à Rotterdam.* — A Rotterdam, chez Bronkhorst, libraire, 1777. In-8°, X-246 p. [X. 11592

65. A. N. AGRON. *Verzameling... 5de druk.* — Amsterdam, 1811. In-8°.

[X. 15290

69. Le nom de lieu étant le même, il se peut que cette éd. soit celle que connaît M. Riemens.

Aangename Oefeningen neven gemeenzame en koopmans brieven ter vertaling in het fransch, met de noodige woorden en spreekwijzen voorzien, door J. V. MEIDINGER, *leeraar der fransche en italiaansche talen te Frankfort aan den Main, Na den vierden druk ingerigt en uitgeven, ten gebruike der fransche schoolen in Nederland en voor dezulken, welken deze taal leeren. Het nederduitsch gevolgd naar de spelling van den Heer* M. SIEGENBEEK, *hoogleeraar in de nederduitsche letterkunde te Leijden, door* O. R. F. W. WINKELMAN, *en vermeerderd met eenen Catechismus der fransche tale, alsmede eene lijst van woorden die derzelver oorsprong aan de staatsomwenteling in Frankrijk verschuldigd, of door dezelve weder in gebruik geraakt, zijn.* — In den Haage, bij de Wed. Leeuwestijn en Comp. (s. d.). In-8°, 4 ff. lim., 326 p. [X. 15297

70 bis. *Observations... sur les remarques de M. de Vaugelas. Tome 1er. 2e éd.* — La Haye, J. L'Honoré et Th. Johnson, 1705. In-12.
[S. Gen. 8° X. 376. [5]

73 b. L'éd. suivante est antérieure de 25 ans à celle citée par M. Riemens.

La Rhétorique ou l'art de parler, par le R. P. BERNARD LAMY, *prêtre de l'Oratoire. Quatrième édition reveue et augmentée d'un tiers.* — A Amsterdam, chez Paul Marret, marchand-libraire dans le Beursstraat, à la Renommée, 1699. In-8°, 11 ff. lim., 382 p., titre en rouge et en noir, front. gravé. [X. 18466

77. *Dissertation sur la prononciation de la langue françoise...* — La Haye, L. et H. van Dole, 1696. In-12. [8° X. 3915

78. N. J. DE LA TOUCHE. *L'Art de bien parler françois...* — Amsterdam, H. Desbordes, 1696. 2 parties en 1 vol. in-8°.
[S. Gen. Rés. 8° X. 386

— 4e éd. — Amsterdam, Wetstein et Smith, 1730. 2 parties en 1 vol. in-12. [X. 13351

79. La date de l'ex. de la Bibl. nationale diffère de celle donnée par M. Riemens :

La Rhétorique de l'honnête homme ou la Manière de bien écrire des lettres, de faire toutes sortes de discours et de les prononcer agréablement, celle d'acquérir l'usage de la langue française et d'imiter les poètes et de choisir les bons auteurs pour son étude, où l'on a ajouté à la fin le catalogue des livres dont un honnête homme doit former sa bibliothèque. — A Amsterdam, chez George Gallet, 1699. 2 t. en 1 vol. in-8°, 245 p. 4 ff. table-4 ff. lim., 216 p., titre en rouge et en noir.
[X. 18479

(Le t. II porte le titre suivant: *Bibliothèque choisie de M.* [*Paul*] *Colomiés, seconde édition revue et augmentée de beaucoup par l'autheur...*)

82. RÉGNIER DESMARAIS. *Traité de la Grammaire française...* — Amsterdam, H. Desbordes, 1707. In-12. [8° X. 12605

83. J. L. LE GALLOIS DE GRIMAREST. *Traité sur la manière d'écrire des lettres...* — La Haye, A. Moetjens, 1709. In-12. [Z. 13407

84. La 1re seule des éd. suivantes est connue de M. Riemens :

Synonymes françois, leurs différentes significations et le choix qu'il en faut faire pour parler avec justesse, par M. l'abbé GIRARD, *S. I. D. R., et Traité de la prosodie françoise, par M. l'abbé* D'OLIVET. *Nouvelle édition.* — A Amsterdam, chez J. Wetstein et G. Smith, 1737. In-12, XLVIII-343 p., titre en noir et en rouge. [X. 12317

Synonymes françois, leurs différentes significations et le choix qu'il en faut faire pour parler avec justesse, par M. l'abbé GIRARD, *S. I. D. R. et Traité de la prosodie françoise, par M. l'abbé* D'OLIVET. *Nou-*

velle édition. — A Amsterdam, chez J. Wetstein, 1765. In-12, XLIV-424 p. [°X. 2782

(P. 305: *Traité de la prosodie françoise par M. l'abbé d'*OLIVET *avec une Dissertation de* M. DURAND *sur le même sujet.* — A Genève, chez les frères Cramer et Cl. Philibert, 1765. — P. 381: *Dissertation en forme d'entretien sur la prosodie françoise, par* M. DURAND, *ministre à Londres.*)

Synonymes françois, leurs différentes significations et le choix qu'il en faut faire pour parler avec justesse, par M. l'abbé GIRARD, *S. I. D. R., et Traité de la prosodie françoise, par M. l'abbé* D'OLIVET. *Nouvelle édition.* — A Amsterdam, chez J. Wetstein, 1766. In-8°, XXXVIII-406 p. [X. 13224 et Lille fds God. 9744

Synonymes françois, leurs différentes significations et le choix qu'il en faut faire pour parler avec justesse, par M. l'abbé GIRARD, *S. I. D. R. Nouvelle édition revue, corrigée et considérablement augmentée d'après la quatrième édition du Dictionnaire de l'Académie françoise, 1762.* — A Amsterdam, aux dépens de la Compagnie (par Jean Chrestien Fischer), 1767. In-8°, 250 p., 11 ff. table, titre en noir et en rouge. [X. 25690

86. MAURICE JACQUIER. *La Méthode... 5ᵉ éd.* — La Haye et Francfort, J. van Duren, 1744. In-12. [Maz. 43965 (2).

87. ELEAZAR MAUVILLON. *Remarques sur les Germanismes...* — Amsterdam, P. Mortier, 1747. In-8°. [X. 13294

88. Autre édition:

Traité général du stile avec un traité particulier du stile épistolaire, par l'auteur des Remarques sur les germanismes [E. MAUVILLON]. — A Amsterdam, chez P. Mortier, 1751. In-8°, 5 ff. lim. et table, 379 p. [X. 18735

103 a. *Le Secrétaire à la mode reformé ou le Mercure nouveau, contenant les lettres choisies des plus beaux esprits de ce tems, avec une nouvelle Instruction à écrire des lettres et VI Entretiens de la civilité, le tout mis en ordre par* FRANÇOIS DE FENNE, *professeur de la langue françoise dans l'illustre Université de Leyde.* — A Leyde, chez Jacques Hackius, 1684. In-8°, 6 ff. lim., 671 p. et 6 ff. de table. Titre gravé. [Z. 13382

106 b. L'éd. suivante aurait dû être mise par M. Riemens sous ce n°, plutôt que sous le n° 106 c.

Den kleynen Vocabulaer van NOEL VAN BARLAMONT *in't vlaemsch ende françoys. Le petit Vocabulaire de* NOEL DE BARLAMONT *en flamen et françois.* — t'Amsterdam, by Jan Janssen, boeckverkooper opt Water, in de Pass-kert, anno 1638. In-8°, signé A.-C. [X. 15320

107 c. La 1ʳᵉ des éd. citées seule est inconnue de M. Riemens.

Colloquia et dictionariolum octo linguarum, latinae, gallicae, belgicae, teutonicae, hispanicae, italicae, anglicae et portugallicae, liber omnibus linguarum studiosis domi ac foris apprime necessarius. Colloques ou dialogues, avec un dictionaire en huit languages... Colloquien oft tsamensprekinghen met een vocabulaer in acht spraken... — Delphis, ex officina Brunonis Schinckelii, 1605. Venduntur Amstrodami in aedibus Corneleï Nicolai. In-8°, oblong, sign. A.-Ee 5. [Ars. 8° BL. 118. A

(L'avis au lecteur est daté des ides de nov. 1585.)

— Flissingae, M. A. F. van der Nolck, 1613. In-8° oblong. [Ars. 8° BL. 105

— Amstelodami, E. Cloppenburg, 1631. In-8° oblong. [X. 9067

108. M. Riemens cite une éd. de 1590; les deux éd. suivantes, dont une sort de la même imprimerie, sont sans date.

AMBROSIUS CALEPINUS *Passeratii, sive linguarum novem, romanae, graecae, ebraicae, gallicae, italicae, germanicae, hispanicae, anglicae, belgicae Dictionarium. Accuratissima editio.* — Lugdun. Bat., ex officina Francisci Hackii (s. d.). In-4°, 4 ff. lim., 702 p., titre gravé. [Maz. 10150 (1), Ars. 8° BL. 99. B. 9 ter. A

Pars prima.

AMBROSIUS CALEPINUS *Passeratii sive Linguarum novem, romanae, graecae, ebraicae, gallicae, italicae, germanicae, hispanicae, anglicae, belgicae Dictionarium, accuratissima editio.* — Lugdun. Bat., in bibliopolio Abrahami Commelini (s. d.). In-4°, 4 ff. lim., 702 p., front. gravé. [X. 2155, S. Gen. 4° X. 335 [3]. Ars. 8° BL. 99 ter, Maz. 20299 AA

AMBROSII CALEPINI *Dictionarii novem linguarum altera pars, in qua insignes loquendi modi, selectiores etymologiae, phrases, etc., tum etiam praecipuarum regionum, urbium populorum, marium, fl. virorum, mulierum, etc., nomina. Editio nitidissima et accuratissima.* — Lugd. Batavorum, ex typographia rediviva Abrahami Commelini (s. d.). In-4°, 628 p., titre en noir et en rouge.

[X. 2156, Maz. 10150 (2) et 20299 BB, Ars. 8° BL 99. B. 9 ter. A

A côté du Dictionnaire de Calepin, un autre ouvrage du même genre, mais de beaucoup moins encombrant, a joui d'une grande vogue au XVIe et au début du XVIIe, c'est la *Nomenclature* d'Hadrianus Junius. J'en ai relevé de nombreuses éditions, dont les plus anciennes sont celles de Chr. Plantin à Anvers. (1567. [Ars. 8° BL. 97. A et 97 bis. A

Les éd. hollandaises qu'aurait pu citer M. Riemens sont les suivantes :

HADRIANI JUNII *Nomenclator in quo propria rerum vocabula gallica belgicaque lingua explicantur, nunc demum contractus et plurimis in locis emendatis, in usum scholarum hollandicarum.* — Amsterodami, ex officina Joannis Cloppenburgii, bibliopolae, 1632. In-8°, 174 p., car. rom. et goth. [X. 9185

HADRIANI JUNII *Nomenclator in quo propria rerum vocabula gallica belgicaque lingua explicantur, nunc demum contractior et emendatior quam ante et tironum pronuntiationi accommodatus, in usum scholarum hollandicarum.* — Amstelodami, apud Joannem Janssonium, 1640. In-8°, 174 p., car. rom. et goth. [X. 9186

Fait curieux, le *Nomenclator octilinguis* de JUNIUS parmi les huit langues duquel figure le néerlandais n'a pas eu d'édition en Hollande.

De même que le *Nomenclator*, M. Riemens n'a pas cité le *Dictionnaire* de Cornelius Kilianus ou van Kil, dont au moins une édition a été publiée en Hollande.

KILIANUS *auctus seu Dictionarium teutonico-latino-gallicum, cui hac editione primum accesserunt interpretatio vocum gallica, accentuum notae et ingens auctarium vocum belgicarum, quae vulgo obtineant. Adjunximus etiam* LUD. POTTERI *libellos duos I de propriorum utriusque sexus nominum germanicae originis etymis ac significatione II de animalium nomenclatura.* — Amstoledami, apud Joan. et Jodocum Jansonios, anno 1642. In-8°, 4 ff. lim., 760 p., titre gravé.
[S. Gen. 8° X. 514

(Dédicace de Kilianus, datée d'Anvers, 1598. — Approbation, 22 septembre 1588.)

114. *Trium Linguarum Dictionarium teutonicae, latinae, gallicae...* — Franekerae, Aegidius Rodaeus, 1604. In-8°.

Cette éd. inconnue de M. Riemens se trouve décrite sous le n° 4475 du Catalogue de 1852 de la Bibl. de Mons.

115. Le première seule de ces éd. est connue de M. Riemens.

Verger des colloques récréatifs, comprins en douze chapitres, très propre et utile pour toutes sortes des gens, en langue françois et bas-allemand. Lusthoff der vermakelijcker t'samensprekinghe... door GOMES VAN TRIERE, *ende 'tzijnen coste.* — Tot Zwolle, bij Zacharias Heyns, boeckverkooper woonende in de Hooftdeuchden, anno 1605. In-4°, 4 ff. lim., 237-2 p. table, car. rom. et goth. [Maz. 10204 (2)

(Dans la dédicace au prince Henri Frédéric, comte de Nassau, Catzenellebogue, Vianden, Dietz, etc., général de la cavalerie des Prov.-Unies, l'auteur dit avoir enseigné le flamand à la mère du prince. Fol. 3vo :

« *Jasoit qu'il y ayt plusieurs livres, diversement intitulez et touts servants d'instruction à bien apprendre les langues françoyse et bas-allemande, si ne traictent-ilz que de propos puérilz pour estre appropriez à la capacité d'un bas aage et tendre. Mais cestuy-ci est propre pour toutes sortes de gens et spécialement pour ceux qui sont de l'aage viril, de discretion et meur jugement, parce qu'y sont proposez belles et graves sentences...* »)

Le Verger des colloques récréatifs, comprins en douze chapitres, trés-propre, gentil et utile, pour toutes sortes de gens, en langue françoise et italienne, par GOMES DE TRIER, *gentil-homme malinois. Il Vergero di colloquii recreativi compreso in dodici capitoli, molto proprio, gentile ed utile, per ogni sorte de gente, in lingua francese ed italiana.* — A Amsterdam, par Paul de Ravesteyn, anno 1623. In-4°, 4 ff. lim., 249 p. et 6 p. n. ch., titre grav. [Sorb. Rr. 321 (12°)

(La préface mentionne du même auteur: *le Jardin de récréation de six mille proverbes et plaisantes rencontres, dédié à Henri Frédéric de Nassau.*)

119. Dictionarium tetraglotton novum... — Amstelodami, Vve J. J. Schipper, 1671. In-8°. [X. 15140

Les deux éd. suivantes sont ignorées de M. Riemens.

Dictionarium tetraglotton novum in quo voces latinae omnes et Graecae his respondentes cum Gallica et Teutonica singularum interpretatione, ordine alphabetico proponuntur. Novae huic editioni accesserunt plurimae voces, in aliis hactenus desideratae. Graecorum nominum genere simul et genitivi, omnium etiam syllabarum dubiarum quantitas, in gratiam poëtices candidatorum notulis supernae indicata, studio et labore MATTHIAE MARTINEZ *Middelburgi. Editio novissima plusquam quingentis vocibus aucta.* — Amstelodami, apud Viduam Joh. Schipperi sub signo Livii, in platea vulgo dicta Swanenburghs-straet, anno 1679. In-4°, 3 ff. lim., sign. A-Pp. [X. 9057

Novum Dictionarium tetraglotton in quo vocem (sic) latinae omnes et Graecae his respondentes, cum gallica et belgica singularum interpretatione ordine alphabetico proponuntur. Novae huic editioni accesserunt plurimae voces, in aliis hactenus desideratae, graecorum nominum genera simul et genitivi, omnium etiam syllabarum dubiarum quantitas in gratiam poetices candidatorum, notulis superne indicata, post labores MATTHIAE MARTINEZ, *denuo* JOHANNES NICOLAIDES, *conrector Leovardiensis plurimas voces addidit et quae vitia irrepserant summa diligentia emendavit.* — Amstelaedami, apud Rud et Gerh. Westenios, ac prostat Antverpiae, apud Joannem Franciscum van Soest in platea dicta Steenhouwersvest, in domo vulgo het Hooghuys (s. d.). In-8°, 2 ff. lim. sign. A-R, titre en noir et en rouge, car. goth. et rom. [Valenciennes K.8.25

(Privilège 13 mars 1768.)

120 a. PHILIPPE GARNIER. *Gemmulae linguarum...* — Lugd. Batavorum, Elsevier, 1641. In-8°. [X. 25483

(La dédicace est datée de Leipzig, 2 juin 1615.)

— Ibid., 1648. In-8°. [X. 25484 (1) et S. Gen. 8° X. 323

120 b. *Gemmulae linguarum, latinae, gallicae, italicae et hispanicae, studio et opera* PHILIPPI GARNERII, *Galli,* LUCAE DONATI, *Itali et* M. FERNANDEZ, *Hispani.* — Amstelodami, apud Ludovicum et Danielem Elzevirios, anno 1656. In-8°, 231 p. [X. 25485 et S. Gen. 8° X. 321

Dialogues en quatre langues françoise, espagnole, italienne et allemande, par P. GARNIER, *François,* M. FERNANDEZ, *Español, et* L. DONATI, *Italien. Gemein Gespraech...* — A Amsterdam, chez Louys et Daniel Elzevier, anno 1654. In-8°, 231 p. [X. 25482

(Epigramme en vers à Monsieur Philippe Garnier, professeur de langue françoise en l'Université de Giesse, signée : Christophorus Abrahamus de Steinbach, eques Bohem.)

Dialogues en quatre langues, françoise, espagnole, italienne et flamende, par P. GARNIER, *François,* M. FERNANDEZ, *Español et* L. DONATI, *Italien. T'Samen spreekingen in vier talen... door* P. GARNIER *in't Frans,* M. FERNANDEZ, *in't Spaens,* L. DONATI *in't Italiaens, en* I. H. GLASEMAKER *in't Neerlants vertaalt.* — A Amsterdam, chez Louys et Daniel Elzevier, l'an 1656. In-8°, 231 p. [S. Gen. 8° X. 324 ².

121 a. Pour les éditions de Comenius, je crois préférable de donner les titres *in extenso,* parce qu'il y a des éd. d'une même année qui ne présentent pas exactement le même titre ni le même nombre de pages.

J. A. COMENII *Janua aurea reserata quatuor linguarum sive compendiosa Methodus latinam, germanicam, gallicam et italicam linguam perdiscendi, sub titulis centum, periodis mille comprehensa et vocabulis bis mille ad minimum aucta cum quadruplici indice, a* NATHANAELE DHUEZ, *in idioma gallicum et italicum traducta.* — Lugd. Bat. en officina Elseviriorum, 1640. In-8°, 12 ff. lim., 321 p., 137 ff. index. [X. 9204

J. A. COMENII *Janua aurea reserata quatuor linguarum, sive compendiosa methodus latinam, germanicam, gallicam et italicam linguam perdiscendi, sub titulis centum, periodis mille comprehensa et vocabulis bis mille ad minimum aucta, cum triplice indice, a* NATHANAELE DHUEZ, *in idioma gallicum et italicum traducta. Editio secunda, emundatior.* — Lugd. Batav., ex officinâ Elseviriorum, 1644. In-8°, 12 ff. lim., 321 p., 136 ff. index, titre en noir et en rouge. [Ars. 8° BL. 115. bis. A

(Ex. réglé en rouge.)

121 b. J. A. COMENII *Janua linguarum reserata aurea sive seminarium linguarum et scientiarum omnium, hoc est compendiosa latinam (et quamlibet aliam) linguam, una cum scientiarum, artiumque omnium fundamentis perdiscendi methodus sub titulis centum, periodis mille comprehensa. Editio postrema...* — Amstelodami, apud Joannem Janssonium, anno 1662. In-8°, 259 p. et 62 ff. index. [X. 9190

J. A. COMENII *Janua linguarum reserata aurea sive seminarium linguarum et scientiarum omnium : h. e. Compendiosa latinam (et quamlibet aliam) linguam, una cum scientiarum artiumque omnium fundamentis perdiscendi methodus sub titulis C. periodis M. comprehensa. Dat is De Gulden ontslote deure der taelen...* — Amstelodami, apud Joannem Janssonium, anno 1662. In-8°, 259 p., 68 ff. index. [X. 9205

121 d. J. A. COMENII *Janua linguarum reserata, cum graeca versione* THEODORI SIMONII HOLSATI, *secunda hac editione recognita et innumeris in locis emendata et gallica nova* STEPHANI CURCELLAEI. — Amstelodami, apud Ludovicum Elzevirium, 1643. In-8°, 12 ff. lim., 256-240 p., titre en noir et en rouge. [X. 9194 et Ars. 8° BL. 115

(Latin-grec-français. — Préface datée du 4 mars 1631. — Privilège daté du 8 juill. 1642.)

J. A. COMENII *Janua Linguarum reserata cum graeca versione* THEO-

DORI SIMONII HOLSATI, *innumeris in locis emendata a* STEPHANO CURCELLAEO *qui etiam gallicam novam adjunxit.* — Amstelodami, apud Ludovicum Elzevirium, 1649. In-8°, 12 ff. lim., 266-238 p., titre en noir et en rouge. [X. 9195

J. A. COMENII *Janua linguarum, cum graeca versione* THEODORI SIMONII HOLSATI, *innumeris in locis emendata a* STEPHANO CURCELLAEO *qui etiam Gallicam novam adjunxit.* — Amstelodami, apud Danielem Elzevirium, 1665. In-8°, 11 ff. lim., 266-238 p., titre en noir et en rouge. [X. 9196

121 e. J. A. COMENII *Janua linguarum reserata quinque linguis, sive compendiosa methodus latinam, gallicam, italicam, hispanicam et germanicam linguam perdiscendi, sub titulis centum, periodis mille comprehensa et vocabulis bis mille ad minimum aucta, cum quintuplici indice, a* NATHANAELE DUESIO *in idioma gallicum et italicum translata et in hac tertia editione accurate emendata atque correcta. Cum interpretatione hispanica* G. R. — Amstelodami, apud Ludovicum et Danielem Elzevirios, 1661. In-8°, 10 ff. lim., 863 p., titre en noir et en rouge.
[X. 9206, Maz. 20212, S. Gen. 8° Œ. 242, Ars. 8° BL. 115. 9 ter

Le traité suivant dont il existe une édition antérieure où l'allemand tenait la place du flamand, n'est pas connu de M. Riemens :

Novum vestibulum latino-gallico-belgicum, columnis dispositum et figuris illustratum. Introduction nouvelle à la langue latine, à la françoise et à la flamande... Nieuwe Inleyding tot de lateynse, franse en duytse tale (par COMENIUS)... — A Amsterdam, chez Pierre Mortier, libraire sur le Vijgendam à la ville de Paris, 1686. In-8°, 2 ff. lim., 90 p., front. et pl. gravés. [Maz. 36998 (1)

122. NATHANAEL DHUEZ. *Nova Nomenclatura... Ed. 2ª...* — Lugd. Batavor., Elsevier, 1644. In-8°. [X. 25484 (2)

123. — *Le Guydon de la langue italienne...* — Leyde, B. et A. Elseviers, 1641. In-8°. [Maz. 45749

L'éd. de 1668 porte un titre différent :

Le vray Guidon de la langue italienne, par NATHANAEL DUEZ *avec trois dialogues familiers italiens et françois, la Comédie de la Moresse, les Complimens italiens et une Guirlande de proverbes, reveu et corrigé par l'Autheur, suivant la copie imprimée.* — A Amsterdam, chez Louys et Daniel Elzevier, l'an 1668. In-8°, 4 ff. n. ch., 263 p.
[Lille, Bibl. com. 91112

(Relié avec *Nouveau Vocabulaire françois-italien, contenant les mots qui tombent le plus souvent dans l'entretien ordinaire.* — (S. l. n. d.). In-8°, 52 p. [Lille Bibl. com. 91113)

Duez a publié un autre ouvrage sur la langue italienne, ouvrage que ne cite pas M. Riemens :

Esclaircissement de quelques différents en la langue italienne, par NATHANAEL DUEZ, *maistre de la langue fr., ital. et all*[de]*, sur aucunes* *attacques qui lui ont esté données de Pierre Paravicin, où il y a plusieurs bonnes remarques pour ceux qui se veulent exercer en cette langue.* — A Leyden, chez François Hackes, l'an 1655. In-8°, 83 p. [X. 19938, S. Gen. 8° X. 447

124. ERASME. *Colloques* [trad. par SAMUEL CHAPPUZEAU]... — Leyde, A. Vingart, 1653. In-12. [8° Z. 16961

Il existe une autre traduction des *Colloques* par Nicolas Gueudeville, que n'a pas connue M. Riemens.

*Les Colloques d'*ERASME, *ouvrage très intéressant, par la diversité des sujets, par l'enjoument et pour l'utilité morale. Nouvelle traduction par Mons*r GUEUDEVILLE, *avec des notes et des figures très ingénieuses, divisées en six tomes.* — A Leide, chez Pierre van der Aa et Boudouin Jansson van der Aa, marchands libraires, 1720. 6 tomes en 4 vol. in-8°, fig. grav., titre en noir et en rouge. [Z. 16536-16541

125 a. FLEURY DE BELLINGEN. *L'Etymologie*... — La Haye, A. Vlacq, 1656. In-8°. [Z. 17953 et S. Gen. Rés. 8° X. 401

126 a. J. DE DAMPIERRE. *L'Ecole pour rire*... — Leide, T. Haak, 1709. In-12. [X. 13543 (2), Maz. 59980 (2), Lille, Bibl. comm. 90600

L'éd. suivante est inconnue de M. Riemens :

L'Ecole pour rire ou la manière d'apprendre le françois en riant, par le moyen de certaines histoires choisies, plaisantes et récréatives, exemptes de toutes paroles et équivoques sales et déshonnestes et mises dans un françois très facile et le plus usité dans la conversation [*par* J. DE DAMPIERRE]. — A Leyde, 1678. In-12, 48 p. [8° X. 9501

126 b. J. D. N. PARIVAL. *Dialogues françois et allemands*... — Frankfurt, H. von Sand, 1670. In-8°. [X. 11571 (2)

M. Riemens ignore l'éd. suivante :

Dialogues françois, selon le langage du tems, par J. D. PARIVAL, *dixième et dernière édition, augmentée de l'Ecole pour rire* [*par* J. DE DAMPIERRE], reveüe et dirigée selon la méthode de Richelet. — A Leide, chez Theodore Haak, marchand libraire, 1709. In-12, 6 ff. lim., 156 p.-72 p. [X. 13543 (1), Maz. 59980 (1)

(Cet ex. contient un front. gravé.)

129. Les éditions suivantes sont ignorées de M. Riemens :

Les Dialogues françois et flamends de CLAUDE MAUGER, *autrefois professeur de la langue françoise à Blois en France, et à présent à Londres, lesquels on a traduit en flamend à cause de la grande utilité qu'ils apportent. De fransche en nederduytsche samenspraken*... — Tot Utrecht, by Joannes Ribbius, Boeckverkoper in de Korte St-Jansstraet, 1683. In-8°, 3 ff. lim., 18-244 p. [X. 13439

Les Dialogues françois et flamands de CLAUDE MAUGER, *autrefois professeur de la langue françoise à Blois en France, avec une nouvelle méthode exacte et facile pour acquérir en peu de tems l'usage de la langue françoise et avec quelques nouvelles lettres françoises et flamandes adjoutées. Dernière édition reveue et corrigée. De fransche en nederduytsche samenspraecken...* — T'Antwerpen, by de Wed. van Petrus Jouret, Stadtsdrucker ende Boeck-verkooper op de Melck-Mert, in de gulde Tralie, 1737. In-8°, 124 p.-331 p.

[Ars. 8° BL. 973, Lille, Bibl. com. 86915

(Privilège : Bruxelles 9-2-1722. — Relié avec *Petite Remarque sur la Civilité moderne practiquée en divers lieux parmi les honnestes gens.* Paginé : 233-248.)

Les Dialogues françois et flamands de CLAUDE MAUGER, *autrefois professeur de la langue françoise à Blois en France, avec une nouvelle méthode très facile pour acquérir en peu de tems l'usage de la langue françoise et avec quelques nouvelles lettres françoises et flamandes. Dernière édition reveüe, corrigée et augmentée de Règles de la bienséance. De fransche en nederduytsche Masenspraecken (sic)...* — Tot Maestricht, by Lambert Bertus, Stadtsdrucker en Boek-verkooper, ontrent de PP. Predickheeren, 1744. In-8°, 382 p. [X. 13443

(Approbation, 22 décembre 1707.)

130. Ed. également inconnue de M. Riemens :

Indiculus universalis rerum fere omnium quae in mundo sunt, scientiarum item, artiumque nomina, apte breviterque colligens. L'Univers en abrégé... de beknopte wereld... editio nova tum belgicae linguae accessione tum infinitorum prope mendorum emendatione maxime commendanda, par le P. F. POMEY *de la Compagnie de Jesus.* — A Amsterdam, chez Henry Desbordes et Daniel Pain, 1703. In-8°, 30 ff. lim., 430 p., titre en rouge et en noir. [X. 9233

131. *Le Maitre italien, contenant tout ce qui est nécessaire pour apprendre facilement et en peu de temps à parler, lire et écrire en italien et entendre les auteurs, tant en prose qu'en vers. Nouvelle édition reveue, corrigée et augmentée par l'auteur, avec un recueüil des inscriptions et de la manière d'écrire les lettres italiennes et un abrégé à la fin de la prononciation françoise pour les étrangers, par le sieur de* VENERONI, *interprète du roy en la langue italienne.* — A Amsterdam, chez Pierre Brunel, devant la Bourse, 1689. In-12, 4 ff. lim., 375 p. [X. 9420

— 1690. — Ibid. In-12, 4 ff. lim., 375 p. [X. 9422

138. PIERRE HEYNS. *Le Miroir des vefves...* — Amsterdam, Z. Heyns, 1596. In-8°. [Rés. Yf. 4471

139*. — *Les Comédies et Tragédies du Laurier...* — (S. l. n. d.). In-12, 3 ff. lim., 84 p., 2 ff. [Rés. Yf. 4471 (1)

(Dédicace datée de Harlem, 1er août 1597.)

— (S. l. n. d.). In-8°, sign. A-I. [Rés. Yf. 4471 (2)

(Dédicace datée de « *Nostre escole à Harlem* », 1er mai 1595.)

151 a. ZACHARIAS HEYNS. *Emblemata, emblemes chrestienes...* — Rotterdam, P. van Waesberge, 1625. In-4°. [Z. 3556

151 b. — *Emblemata moralia.* — Rotterdam, 1625. In-4°. [Z. 3558

153. JEAN DE PARIVAL. *Les Délices de la Hollande...* — Leide, P. Didier, 1662. In-12. [M. 20030

— *Augmenté par* FRANÇOIS SAVINIEN D'ALQUIÉ... — Amsterdam, J. de Ravestein, 1669. In-12. [M. 20032

Les éd. suivantes ne sont pas connues de M. Riemens :

Les Délices de la Hollande en deux parties, la première contenant une description exacte du païs, avec les mœurs et les coutumes des habitans et la seconde un abrégé historique depuis l'établissement de la République jusques à l'an 1697. Ouvrage nouveau sur le plan de l'ancien. — A Amsterdam, chez Henri Wetstein, 1697. In-12, 4 ff. n. ch.; 579 p., 6 p. n. ch. table, front., carte, plans gravés. [M. 20029

Les Délices de la Hollande, contenant une description exacte du païs, des mœurs et des coutumes des habitans, avec un abrégé historique depuis l'établissement de la République jusques à l'an 1710. Ouvrage nouveau sur le plan de l'ancien. Tome second. — A la Haye, chez les frères van Dole, marchands libraires, dans le Pooten, 1710. In-12, 4 ff. lim., 506 p., front. gravé. [M. 20033

Les Délices de la Hollande, contenant une description exacte du païs, des mœurs et des coutumes des habitans, avec un abrégé historique depuis l'établissement de la République jusques à l'an 1710. Ouvrage nouveau sur le plan de l'ancien. Tome premier (-second). — A la Haye, chez la Veuve de Meyndert Uytwere, marchand libraire, dans le Spuystraat, 1710. 2 vol. in-8°, 4 ff. lim., 416 p.-3 ff. lim., 503 p., front., carte et plans gravés, titre en rouge et en noir. [M. 21030-1

Les Délices de la Hollande, contenant une description exacte du païs, des mœurs et des coutumes des habitans, avec un abrégé historique depuis l'établissement de la République jusqu'au de là de la paix d'Utrecht. Nouvelle édition, considérablement corrigée et augmentée. Tome premier (-second). — A Amsterdam, chez Pierre Mortier, 1728. 2 vol. in-8°, 8 ff. lim., 452 p., 2 ff. table-3 ff. lim., 546 p., front., plans et pl. gravés, titre en noir et en rouge. [M. 20044-5

155. — *Histoires facétieuses... 2e éd.* — Leiden, S. Vaguenar, 1669. In-12. [Y² 8470

159. FRANÇOIS SAVINIEN D'ALQUIÉ. *Les Délices de la France.* — Amsterdam, G. Commelin, 1670. In-12. [8° L¹⁵. 12. A

Les éditions suivantes ne sont pas connues de M. Riemens :

— 1699. — Amsterdam, P. Mortier. 2 vol. in-12. [8° L¹⁵. 14

— 1728. — Leide, T. Haak. 3 vol. in-8°. [8° L¹⁵. 14. A

160. [ANTOINE DE COURTIN.] *Nouveau Traité de la civilité... Nouvelle édition reveuë, corrigée et augmentée par l'auteur.* — A Amsterdam, chez Henri Schelte, 1708. In-12, 6 ff. lim., 300 p. [8° R. 18993

(Ed. inconnue de M. Riemens.)

165. JEAN CORBINELLI. *Extraits...* — Amsterdam, J. Tholm, 1681. 5 tomes en 3 vol. in-12. [Z. 39112-4 et Maz. 21630 C,D,E

166. JEAN DE LA FONTAINE. *Fables choisies...* — Amsterdam, P. Mortier, 1687. In-12. [Rés. Ye. 3320

— La Haye, H. van Bulderen, 1688-1694. 5 parties en 2 vol. in-8°. [Ye. 12592-3

— Amsterdam, P. Mortier, 1693. In-12. [Ye. 35757

— Ibid., 1693. In-12. [Ye. 3323

— Amsterdam, P. de la Feuille, 1693. In-8°. [Ye. 12595
(4e-6e parties.)

— La Haye, H. van Bulderen, 1700. 5 parties en 2 vol. in-8°. [Ye. 3326-7

— Amsterdam, Z. Chatelain, 1727-28. 5 parties en 2 vol. in-8°. [Ye. 12619-20

— Ibid., 1728. 4 tomes en 2 vol. in-8°. [Ye. 3329-32

— Leiden, Luzac et van Damme, 1764-86. 6 tomes en 3 vol. [Ye. 12653-8

— *Avec la vie d'Esope.* — Amsterdam, P. Mortier, 1723. In-8°. [Ye. 12618

— Amsterdam, aux dépens de la Compagnie, 1730. In-8°. Ye. 12626

175. DANIEL DEFOE. *La Vie et les aventures surprenantes de Robinson Crusoë... traduit... par* THÉMISEUIL DE SAINT-HYACINTHE *et* J. VAN EFFEN. — Amsterdam, L'Honoré et Chatelain, 1721. 6 tomes en 3 vol. in-12. [Y². 11353-8

— Ibid., 1722-23. 3 vol. in-12. [Y². 36479-81

— 3e éd. — Amsterdam, Z. Chatelain, 1726-7. 2 vol. in-12. [Y². 36482-3

— Amsterdam, L'Honoré et Chatelain, 1735. In-8°. [Y². 36717
(T. III.)

— Ibid., 1741. 2 tomes en 1 vol. in-12. [Y². 36718
(T. V et VI.)

— 4e éd. — Ibid., 1742-3. 3 vol. in-12. [Y². 36484-5, 36719

— Amsterdam, aux dépens de la Compagnie, 1775. In-12. [Y². 36496

— Amsterdam et Paris, 1787. 3 vol. in-16. [Y². 9263-5
(T. I-III.)

177. LAURENT DRELINCOURT. *Sonnets chrétiens...* — Amsterdam, Vve J. Desbordes, 1724. In-8°. [Ye. 8970

— Ibid., 1731. In-8°. [Ye. 8973

— Amsterdam, J. Cartuffe, 1746. In-8°. [Ye. 8971

— Amsterdam, Vve J. F. Jolly, 1761. In-8°. [Ye. 8975

— Amsterdam, M. M. Rey, 1766. In-8°. [Ye. 8974

179. PIERRE RICHELET. *Les plus belles Lettres françoises... 4e éd... Tome second.* — La Haye, Meyndert Uijtwerf, 1708. In-12. [Z. 14268

183. FÉNELON. *Aventures de Télémaque.* — Voir les nombreuses éd. holl. dans le *Catalogue général de la Bibl. nationale.*

204 c. SIMON STEVIN. *L'Arithmétique...* — Leyde, Elzevier, 1625. In-8° [V. 19307

204 d. — *Œuvres mathématiques...* — Leyde, B. et A. Elzevier, 1634. In-fol. [Rés. V. 134

226. Mme LE PRINCE DE BEAUMONT. *Éducation complète...* La Haye, P. Gosse junior et D. Pinet, 1763. 2 vol. in-8°. [G. 14135-6

232. PIETER HEYNS. *Le Miroir du Monde...* — Amsterdam, Z. Heyns, 1598. In-8° oblong. [G. 3108

L'édition suivante n'est pas connue de M. Riemens.

*Le Miroir du monde ou epitome du théatre d'*ABRAHAM ORTELIUS, *auquel se représente, tant par figures que par charactères la vraye situation, nature et propriété de la terre universelle, aggrandi et enrichi entre autres de plusieurs belles cartes du Païs-Bas.* — A Arnhem, chez Jean Jeansz, à l'enseigne de la Bible d'Or, 1615. In-8° oblong., fol. 16-97 et 1 de table. [G. 3110

(Ed. par Zacharias Heyns.)

237 a. CHRISTIAN SEP. *Atlas des enfans...* 6e éd. — Amsterdam, J. H. Schneider. In-12. [G. 10616

263 a. E. E. L. MELLEMA. *Dictionaire ou promptuaire flameng-francoys...* — Rotterdam, J. Waesbergue, 1591. In-4°. [X. 2792

(Une faute d'impression dans le livre de M. Riemens donne pour cote X. 2729.)

— Ibid., 1602. In-4°. [X. 2607 (2), Sorb. 4° L. P. e. ba. 13

— Ibid. [1618]. In-4°. [Sorb. 4° L. P. e. ba. 14 (1)

(Relié avec *Le Grand Dictionaire francois-flamen,* 1618.)

263 b. — *Dictionaire ou promptuaire francois-flameng...* — Rotterdam, J. Waesbergue, 1602. In-4°. [X. 2607 (1)

(La préface est datée de Leyde, 24 août 1592.)

— Ibid., 1610. In-4°. [Bibl. Mons, 4478

263 b* *Dictionaire francois-flamen... par* J[EAN] W[AESBERGUE]. — Rotterdam, J. Waesbergue, 1599. In-8°. [X. 14350

264 a. [E. E. L. MELLEMA.] *Le Grand Dictionaire françois-flamen...* — Rotterdam, Jean Waesbergue, 1618. In-4°. [Sorb. 4° L. P. e. ba. 14 (2)

— Ibid., 1624. In-4°. [Maz. 10205. A (1)

(Dédicace datée du 1er août 1624.)

— Rotterdam, Isaac Waesbergue, 1630. In-4°. [Ars. 4° BL. 893 B. bis (1)

Les éd. suivantes sont inconnues de M. Riemens :

— Ibid., 1636. In-4°. [Maz. 10205 (1)

— Rotterdam, Pierre Waesbergue, 1640. In-4°. [X. 2608 (1)

264 b. E. E. L. MELLEMA. *Den Schat der duytscher tale...* — Rotterdam, Jan van Waesberghe, 1622. In-4°. [Maz. 10205. A (2)

— Rotterdam, Isaack van Waesberghe, 1630. In-4°. [Ars. 4° BL. 893. B. bis (2)

— Ibid., 1636. In-4°. [Maz. 10205 (2)
— Rotterdam, Pieter van Waesberghe, 1641. In-4°. [X. 2608 (2)
(Cette dernière éd. manque dans le livre de M. Riemens.)

266. CASPARUS VAN DEN ENDE. *Le Gazophylace... — Schatkamer...* — Rotterdam, J. Naeran, 1656-1654. 2 parties en 1 vol. in-4°. [Bibl. Valenciennes L. 2. 9
— Ibid., 1669. 2 parties en 1 vol. in-8°. [X. 2610 et Maz. 10205 B. C
— Rotterdam, Isaac Naeran, 1681. 2 parties en 1 vol. in-4°. [X. 2611
— Ibid., 1697-95. 2 parties en 1 vol. in-4°. [Sorb. 4° L. P. e. ba. 15

265. Pour la clarté, il est préférable de donner d'abord la description de la partie française du *Grand Dictionaire* de LOUIS D'ARSY, puis de la partie hollandaise.

Le grand Dictionaire françois-flamen, de nouveau revû, corrigé et augmenté de plusieurs mots et sentences, les termes et manières de parler touchant la marine et navigation, expliquez en françois et flamen, les termes servans à la venerie et fauconnerie, les noms de quelques villes, régions et rivières, le tout par ordre alphabétique, item une Grammaire françoise, par JAN LOUYS D'ARSY. — A Rotterdam, chez Pierre de Waesbergue, anno 1643. In-4°, 4 ff. lim., signé : A-Rr 3, titre en noir et en rouge, front. grav. [4° X. 599, Maz. 10205 B (1)
(Dédicace signée d'Utrecht, 28 may 1643.)

— Rotterdam, Pierre de Waesbergue, 1651. In-4°. [X. 2609 (1)
— Ibid., 1663. In-4°. [Ars. 4° BL. 893. B (1) et Bibl. de Mons, 4479

Les éd. revues par Th. La Gruë ont le titre rédigé comme suit :

Le grand Dictionaire françois-flamen de JEAN LOUIS D'ARSY, *les termes et manières de parler touchant la marine et navigation, expliquez en françois et flamen, les termes servants à la venerie et fauconnerie, les noms de quelques villes, régions et rivières, item une Grammaire françoise, le tout revû, corrigé et augmenté d'une fort grande quantité de mots, phrases et sentences, dans cette dernière édition, par* THOMAS LA GRUË, *maistre es arts et docteur en médecine.* — A Amsterdam, chez la Vefve de J. J. Schipper, anno 1682. In-4°, 4 ff. lim., signé : A-Zzz 3, titre en noir et en rouge.
[X. 4657 (1), Maz. 10205 D (1) et Ars. 8° BL. 893 B ter A
(Dédicace au bourgmestre d'Amsterdam, par Jean et Philippe La Gruë, qui mentionnent leur père mort récemment.)

— Amsterdam, A. Wolfgang, 1694. In-4°. [X. 4658 (2) et Maz. 10205. E
— Amsterdam, héritiers d'A. Schelte, 1699. In-4°. [X. 2612 et Ars. 4° BL. 893 bis. 2 (1)

Le titre de la partie néerlandais-français est libellé comme suit :

Het groote Woorden boeck, vervattende den schat der nederlandsche taele, met een fransche uit-legginghe, van nieuws oversien, vermeerdert, verbetert en met verscheyden schoone spreucken verryckt, door

JAN LOUYS D'ARSY. *Met noch een aenhanghsel van ontallijcke Woorden, die uit andere taelen haeren oorspronck nemen.* — Tot Rotterdam, by Pieter van Waesberge, anno 1643. In-4°, 4 ff. lim., signé : A-Qq iiij.
[8° X. 599 (2), Maz. 10205 B (2)

L'ex. décrit par M. Riemens pour cette éd. porte comme adresse : *Utrecht, Jan van Waesberge.*

— Rotterdam, Pieter van Waesberge, 1651. In-4°. [X. 2609 (2)

(Le privilège est daté du 1er déc. 1648, ce qui fait supposer une éd. à cette date.)

— Ibid., 1663. In-4°. [Ars. 4° BL. 893. B (2)

Het groote woorden-boeck verwattende den schat der nederlandtsche tale, met een fransche uytlegginge, met noch een aanhangsel van ontallijcke woorden, die uyt andere talen haren oorspronck nemen, van JAN LOUYS D'ARSY, *en van nieus overzien, vermeerdert, verbetert, en noch met een zeer groote meenighte van woorden en schoone spreucken verrijckt in dese laatste druck, item de naamen van eenige steden, landen, rivieren en volkeren, als meede een korte beschryving van de waare en oprechte uytspraak der fransche taale, door* THOMAS LA GRUË, *doctor in de philosophie en médecine.* — t'Amsterdam, by de weduwe van Jan Jacobsz Schiffer, 1682. In-4°, 4 ff. lim., signé : (A). (Aaaa 3). [X. 4657 (2), Maz. 10205. D. (2) et Ars. 8° BL. 893 B ter A

Het groot woorden-boek, vervattende den schat der nederlandsche taal, met een fransche uytlegging, beneven een Aanhangzel van ontallijke woorden, die uyt andere talen haren oorspronk neemen, van JAN LOUYS D'ARSY. *De naamen van eenige steden, landen, rivieren en volkeren, als mede een korte beschryving van de waare en oprechte uitspraak der fransche taal door* THOMAS LA GRUË, *doctor in de philosophie en médecine. In deeze laatste druk merkelijk vermeerdert, verbetert en met veele cierlijke spreek-wijzen verrijkt, door* JOANNES *en* PHILIPPUS LA GRUË. — t'Amsterdam, by Abraham Wolfgang, boekverkooper by de Beurs, 1694. In-4°, 4 ff. lim., signé : (A)-(Iiii 2).
[X. 4658 (1) et Maz. 10205 F

— Amsterdam, Erven van A. Schelte, 1699. In-8°.
[X. 2613 et Ars. 4° BL. 893. bis. 2. (2)

— s'Gravenhage, P. van Thol, 1710. In-4°. ([Ars. 4° BL. 893. B ter

Ed. inconnue de M. Riemens. Elle comporte le *Gazophylace* seul, sans le *Schatkamer.*)

267 a. M. Riemens n'ayant pas eu en mains un ex. de la 1re éd., en voici la description :

Dictionnaire nouveau, françois et flamand, où l'on donne des définitions exactes des mots et des choses, et où l'on a renfermé toutes les expressions propres, figurées et burlesques et les termes les plus connus des arts et des sciences, avec tous les noms propres d'hommes et de femmes, de provinces, de villes et de fleuves, qui sont diférens dans les deux langues. Le tout tiré de l'usage et des auteurs les plus polis. Nieuw Woordenboek der fransche en nederlandsche tale... door

C. ROUXEL *en* F. HALMA. — A Amsterdam, chez Abraham Wolfgang et à Utrecht chez François Halma, marchands libraires, en Compagnie, 1686. In-4°, 4 ff. lim., 727 p., titre en noir et en rouge. [S. Gen. 4° X. 425

Le titre exact de la 2e éd. est :

Le grand Dictionaire françois et flamend composé sur le modèle des dictionaires de Richelet, Pomey, Tachard et Danet, revû et considérablement augmenté sur le dictionaire et la grammaire de l'Académie françoise. On y a adjouté un excellent traitté de l'orthographe de la langue françoise. Dat is het groot fransch en nederduitsch Woordenboek... eerst ontworpen door C. ROUXEL *en* F. HALMA, *vervolgens naaukeurig overzien... door* FRANÇOIS HALMA. *Hier is bygevoegt een uitmuntend Werkje over de spellinge der fransche taale.* — A Amsterdam, chez François Halma, marchand libraire, 1708. In-4°, 28 ff. lim., signé : A-E 3, titre en noir et en rouge, front. grav. [X. 2614

(Dédic. datée 30 juin 1707. — Fol. 4. Avis au lecteur mis à la tête de la 1re éd. de cet ouvrage... « tous les autres [Dictionnaires] qui l'ont précédé ne renferment qu'un amas confus de mots valons ou surannez... »)

— Amsterdam, R. et G. Wetstein, 1717. In-4°. [X. 4949
— Utrecht, J. van Poolsum, 1719. In-4°. [Bibl. com. Lille, 60095
(Ed. inconnue de M. Riemens.)

4e éd. — Amsterdam, les Wetsteins et Smith; Utrecht, J. van Poolsum, 1733. In-4°. [X. 2800 (2)
5e éd. — Leide, J. de Wetstein; Utrecht, J. van Poolsum, 1761. In-4°. [Rés. X. 1423

6e éd. — La Haye et Leide, J. Thierry et C. Mensing, P. van der Eyk et D. Vygh, 1781. In-4°. [Maz. 10205. G1

267 b. FR. HALMA. *Woordenboek...* — Amsterdam, P. Mortier; Utrecht, W. van de Water, 1710. In-4°. [Maz. 10205. G
— Amsterdam, R. et G. Wetstein, 1717. In-4°. [X. 4948
(Ed. inconnue de M. Riemens.)

2e éd. — Amsterdam, Wetsteins et Smith; Utrecht, J. van Poolsum, 1729. In-4°. [X. 2800 (1), Sorb. 4° L. P. e. ba. 12
3e éd. — Leide, J. de Wetstein; Utrecht, J. van Poolsum, 1758. In-4°. [Rés. X. 1422

4e éd. — La Haye, J. Thierry et C. Mensing; Leide, P. van der Eyk et D. Vygh, 1781. In-4°. [Maz. 10205. G2
(Ed. inconnue à M. Riemens.)

268. Le titre complet est :

Nieuw Nederduits en frans woordenboek, waar in de grondwoorden en hunne verscheidene betrekkingen klaar en regelmaatig uitgelegd, en de daar uit vloeyende, zoo ernstige als boertige spreekwyzen op een ongedwonge trant na den aart en eigenschap der gemelde taalen, ontvouwen worden, door PIETER MARIN. *Eerste stuk A — O (Tweede stuk P. Z.). Nouveau Dictionaire hollandois et françois...* — t'Amsterdam, by de Weduwe Gysbert de Groot, boekverkoopster op de Nieuwendyk, in de Bybel, 1701. In-8°, 8 ff. lim., 1412 p., titre en rouge et en noir. [Ars. 8° BL. 977

Dictionnaire complet françois et hollandois... 2e éd. — Dordrecht, J. van Braam; Amsterdam, G. onder de Linden, 1728. In-4°. [X. 5107

Les éd. suivantes manquent à M. Riemens :

Groot nederduitsch en fransch Woordenboek vervattende de woorden en spreekwyzen van den laagen, den boertigen, den gemeenzamen en den verheven styl, spreuken en spreekwoorden, gelyk ook de gebruikelykste woorden der kunsten en wetenschappen, der hanteeringen, ambachten en uitspanningen in beide taalen, door P. MARIN, *tweede druk, van ontelbaare feilen gezuivert, ontrent een derde vermeerdert en met taalkundige aenmerkingen verrykt. Grand Dictionnaire hollandois et françois...* — Te Dordrecht, by Joannes van Braam, te Amsterdam by Hermanus Uytwerf, A. Wor en de Erven van G. Onder de Linden, 1730. In-4°, 4 ff. lim., 1064 p., titre en noir et en rouge, front. gravé. [X. 5108

Groot nederduitsch en fransch woordenboek, vervattende de woorden en spreekwijzen... door P. MARIN. *Vierde druk... Grand Dictionnaire hollandois-françois...* — Te Rotterdam, bij Hendrik Beman, 1768. In-4°, 44 ff. lim., 1140 p., titre en noir et en rouge.

2 ex. [Maz. 10205. H et H*

Dictionnaire françois et hollandois, composé sur le Dictionnaire de l'Académie françoise et d'après les meilleurs auteurs qui ont écrit dans les deux langues, par PIERRE MARIN. *Cinquième édition, revue, corrigée et augmentée d'un grand nombre de mots et de phrases, de termes d'histoire naturelle, de commerce, de marine, et de quantité d'autres articles relatifs aux sciences, aux arts, aux belles-lettres, etc., etc. Fransch en nederduitsch woordenboek...* — A Amsterdam et à Rotterdam, chez D. J. Changuion et H. Beman, 1782. In-4°, 4 ff. lim., 576-643 p., titre en noir et en rouge. [X. 2615 et X. 5109

(Fol. 2 : « Avis des éditeurs. En publiant cette quatrième réimpression du Dictionnaire de Pierre Marin, nous avons pensé qu'il étoit à propos de supprimer les préfaces qui se trouvent en tête des éditions précédentes pour ne pas faire revivre les querelles entre les éditeurs des Dictionnaires de Halma et de Marin, ces préfaces n'ayant d'autre but que de chercher à s'attribuer la supériorité... »)

L'éd. suivante est citée par M. Riemens :

— Amsterdam, D. J. Changuion, 1793. In-8°.

[X. 2617 et S. Gen. 4° X. 425²

Les éd. suivantes lui font défaut :

Nederduitsch en fransch Woordenboek weleer te saamengesteld door PIETER MARIN, *doch nu volgens de spellinge der in beide spraaken*

beste taalkenneren zeer verbeterd, en met veele kunstwoorden, spreekwyzen, enz. verrykt, door ERNST ZEYDELAAR. *Agtste druk.* — Te Dordrecht, by Abraham Blussé en zoon, 1773. In-8, 6 ff. lim., 816 p.
[X. 15333, S. Gen. 8° Δ. 51291

Nederduitsch en fransch Woordenboek waarin de aart der beide taalen naar de beste schryvers naaukeurig is in acht genomen, door PIETER MARIN, *vijfde druk, op niews overgezien, verbeterd en met een groote menigte van spreekwijzen en woorden, tot allerleije konsten en wetenschappen betrekking hebbende vermeerderd. — Dictionnaire hollandois et françois... cinquième édition revue, corrigée et augmentée d'un certain nombre de mots et de phrases, de termes d'histoire naturelle, de commerce, de marine et de quantité d'autres articles relatifs aux sciences, aux belles-lettres, etc., etc.* — Te Amsterdam, by D. J. Changuion, 1782. In-4°, 4 ff. lim., 1140 p., titre en noir et en rouge. [X. 2616 et X. 5110

6e éd. — Amsterdam, D. J. Changuyon, 1793. In-4°.
[X. 2618 et S. Gen. 4° X. 425a

269. PIERRE MARIN. *Dictionaire portatif... 6e éd.* — Amsterdam, J. van Eyl, 1760. In-8°. [Ars. 8° BL. 894

(Inconnu de M. Riemens.)

8e éd. corr. par JEAN HOLTROP. — Dort, A. Blussé et fils, 1773. In-8°.
[X. 14359

Voici les intitulés des titres de chaque partie de la 9e éd. (la description de M. Riemens n'en donnant pas une idée exacte) :

Dictionnaire portatif en deux parties : I françois et hollandois et II hollandois et françois, de feu Mr PIERRE MARIN. *Neuvième édition de nouveau revue, corrigée et augmentée par Mr* JEAN HOLTROP... *Première partie qui contient le françois devant le hollandois.* — A Dort, chez Abraham Blussé et fils, 1783. In-8°, 10 ff. lim., 1060 p.
[X. 14360

Dictionnaire portatif en hollandois et françois ou Hollandsch en fransch Woordenboek, van wijlen den Heer PIETER MARIN. *II deel bevattende het hollandsch voor het fransch verbeterd door* ERNST ZEYDELAAR. *Negende uitgaave, theands met veele konstwoorden en spreekwijzen, e. z. v. merkelyk verrijkt en in een betere schikking gebracht door* J. HOLTROP. — Te Dordrecht, bij Abraham Blussé en zoon, 1787. In-8°, 4 ff. lim., 924 p. et erratum. [X. 14361

J'ai trouvé en outre une autre forme du *Dictionaire portatif* dont le titre est rédigé en hollandais. M. Riemens ne la connaît pas.

Dictionaire portatif of nederduitsch en fransch woordenboekje, voormaals t'zamengesteld door PIETER MARIN, *en nu vermeerderd en verbeterd, en van veele drukfouten gezuiverd tot gebruik van alle taalmeesters en schoolhouders, dog wel byzonderlyk ten dienste van die de fransche taal leeren en beminnen in't ligt gegeven. Vierde druk.* —

T'Amsterdam, by Hendrik van Eyl, boekverkoper op den Dam, anno 1738. In-8°, 3 ff. lim., 842 p., titre en noir et en rouge. [X. 15381

(Fol. 2. Privilège pour 15 ans accordé pour... de Werken van PIETER MARIN, spraakmeester, bestaande in de volgende boekjes als Nouvelle Methode, ofte Nieuwe spraakwyze tot onderwyzing der franse taal op een klare, beknopte en korte manier, etc., alsmede Dictionaire portatif, ofte Nederduits en frans Woordeboekje, etc., gelijk ook Instruction pour la jeunesse... Daté : 25 avril 1711.)

6de druk. — Amsterdam, J. van Eyl, 1761. In-8°.

[Ars. 8° BL. 977. bis

271. Les exemplaires que j'ai vus ne portent pas le même titre que celui donné par M. Riemens :

Dictionnaire françois-hollandois et hollandois-françois, contenant la signification et les différents usages des mots, les termes d'arts, de sciences, de métiers et de marine, recueillis des meilleurs auteurs, par O. R. F. W. WINKELMAN. —'t Utrecht, chez Barthelemy Wild, 1783. 2 vol. in-8°, 1062-2 p. et 898-1 p. [Maz. 20293. C1-2

(Le 2e vol. est intitulé : *Nederduitsch en fransch woordenboek, bevattende de betekenis en het onderscheiden gebruik der woorden...)*

[Ars. 8° BL. 980

(1er vol. seul. — Autre tirage du titre : l'adresse est libellée « à Utrecht » et non t'Utrecht.)

273. Je n'ai trouvé que la 2e éd. inconnue de M. Riemens :

Dictionnaire portatif de phrases et de proverbes françois avec leurs explications. Handwoordenboek... door ANTOINE NICOLAS AGRON, *in leven Rctor der latijnsche en fransche kunst- en kostschool te Elburg. Tweede en verbeterde druk.* — Te Amsterdam, bij Johannes Allart, 1811. In-8°, VIII-342 p. [X. 14364

274. L'éd. suivante dont je donne successivement les titres des 2 parties paraît différente de celles indiquées à la même date par M. Riemens :

Dictionnaire françois-allemand-latin et allemand-françois-latin, reveu, corrigé et augmenté pour le moins d'un tiers, en cette seconde édition, par NATHANAEL DUEZ, *maistre de la langue françoise, italienne et allemande.* — A Amsterdam, chez Louys Elzevier, 1650. 2 parties en 1 vol. in-8°, 10 ff. lim., 748 p.-587. [Maz. 20293 G

Dictionarium germanico-gallico-latinum. Deutsch-frantzösisch und lateinisch Dictionarium in diesem andern Truck trefflich vermehrt und verbessert, durch NATHANAEL DUEZ. *Frantzoss. ital. und teutschen sprachmeister.* — Zu Leyden, bey Frantz Hackes, im Jahr 1650. In-8°, 587 p. [Maz. 20293 G (2)

3e éd. — Amsterdam, L. et D. Elzevier, 1664. 2 vol. in-4°.

[Maz. 10170 G

Un ex. du t. Ier [S. Gen. 4° X. 4262; un ex. du t. II [X. 2749

275. NATHANAEL DUEZ. *Dittionario italiano...* — Leide, J. Elsevier, 1660-69. 2 vol. in-8°. [X. 24405-6 et S. Gen. 8° X. 454[2]

277. GUY MIÈGE. *The short French Dictionary...* 5th ed. — Hague, H. van Bulderen, 1701, 2 vol. in-8° [Maz. 20296-7
5th ed. — Ibid., 1703. 2 t. en 1 vol. in-8°. [Maz. 43891

278. L'éd. suivante est inconnue de M. Riemens :

Dictionnaire royal françois et anglois, le françois tiré des Dictionnaires de Richelet, Furetière, Tachard, de l'Académie françoise et des remarques de Vaugelas, Menage et Bouhours, divisé en deux parties, par M. BOYER. *Tome I*er [-*II*]. — A la Haye, chez Henry van Bulderen, marchand libraire dans le Pooten, à l'enseigne de Mezeray, 1702. 2 vol. in-4°, 4 ff. lim., signé : A-Cccc 3 — 4 ff. lim., signé : A-Ssss 3. Le titre du t. Ier en noir et en rouge. [X. 2625

Un ex. de celle que cite M. Riemens pour 1727, à Amsterdam, chez R. et G. Wetstein, etc., se trouve [Maz. 10206 B

Henri Lemaître

IMPRIMERIE DE J. DUMOULIN, A PARIS

www.ingramcontent.com/pod-product-compliance
Ingram Content Group UK Ltd.
Pitfield, Milton Keynes, MK11 3LW, UK
UKHW022143260726
13993UKWH00005B/2124

9 782329 174365